八法亭みややっこの
日本を変える憲法噺

弁護士
飯田美弥子
Iida Miyako

花伝社

八法亭みややっこの日本を変える憲法噺◆目次

目次

口上

本日は、数ある書籍の中からこの本を手に取ってくださり、誠にありがとうございます。

２０１４年5月3日に『八法亭みややっこの憲法噺《けんぽうばなし》』を出版しましたところ、幸いにも多くの皆さんにお読みいただき、みややっこ口演のたびに行うサインセールにおいても、温かい言葉をかけていただきました。この場をお借りして感謝の気持ちを表したいと思います。

そもそも、みややっこの憲法噺は、２０１３年5月10日が、結果的に初演となりました。それから、足かけ3年、口演回数は全国40都道府県で既に１３０回を数えます。平日は本業である弁護士業務をこなし、土日祭日だけの口演ですから、3年間、ほとんど休み無しの生活になっている、ということです。

軽い洒落《しゃれ》のつもりで演じてみたことが、これほど続くことになろうとは、全国にみややっこファンが現れるようになろうとは、夢にも思わないことでした。

口上

2013年のうちは、主に地元の多摩地域で、十数人から数十人の規模の学習会で演じておりました。噺の内容もまだ固まっておらず、長さもまちまち。自分で書いためくりに、裏千家お家元の文字があるお扇子で、雰囲気作りをしておりましたところ、寄席《よせ》文字風のめくりや高座用の扇子を差し入れていただきました。出囃子《でばやし》は、ある会場で参加者の皆さんが「笑点」のテーマを唱和して迎えてくださった後、ヒヤミカチ節のイントロを使うことに決めました。出囃子というのは、噺家1人ひとりに対応するものです。「ヒヤッと起き上がる」という、明るく不屈な沖縄民謡で、みややっこを性格付けしました。

2014年1月16日、日本共産党大会で、「落語で憲法を語っている」と発言したところ、会場が爆笑に包まれました。共産党大会という場所は、真面目な発言が普通なのです。私も普通の発言を用意したのでしたが、「そういう発言なら、飯田さんでなくてもできるじゃないか」と反対する向きがあり、和服で実演を交えて話すこととなりました。

私はその日の3番目の発言者でしたが、1番目は基地移設問題で揺れる沖縄県の県議さん、2番目は被災地・福島県の町議さん。いずれの発言も熱く、感動的な内容で、私は、発言準備の椅子に座りつつ、涙を拭《ぬぐ》っていました。

落語で憲法 会場爆笑

「八法亭みややっこ」こと飯田美弥子さん

「時代劇で言いますと、『おう東電屋、おぬしも悪よのう』といったところでございます」。原発再稼働に固執する安倍首相と電力業界が癒着している姿を落語で語り、会場を笑いに包んだのは、東京の代議員、弁護士の飯田美弥子さん。落研（落語研究会）出身の経歴と弁護士の職を生かして、宣伝や〃高座〃に出かけ安倍政権の憲法改悪の動きに反対し、立憲主義を守るとりくみをいきいきと語りました。

憲法改悪阻止のとりくみについて、落語をまじえて発言する飯田美弥子さん＝16日、静岡県熱海市

発言の終盤には「八法亭みややっこ」の垂れ幕が登場。「若い弁護士たちの紙芝居やコントなどの活動が話題になると、落研出身の私の血が騒ぎます」と語り、会場は大爆笑に。自民党の改憲案を取り上げ、「公益および公の秩序」を〃安倍の好み〃と読み替えるんです」。「すると、反原発はだめ、反TPPはだめ、秘密保護法反対はテロ行為となります」と語ると、笑いと拍手があふれました。

「こんなつたない芸でも憲法を守る力になるのなら、自民党の改憲案が粉砕されるまで、みややっこをやらなければと思っています」と決意を語りました。

『しんぶん赤旗』（2014 年 1 月 17 日）

こんな状況で、「東電屋、お前も悪よのう」などとやって、ダダ滑りしたらどうしよう……？「逃げ出したい、家に帰りたい」と切に思いました。

結果は、前述のとおり、大ウケでした。昼休みには、あちこちの代議員から、来て欲しい、とたくさんの名刺をいただきました。

そのときから、みややっこは全国展開となりました。

近いところで話すのと、知らない地方・地域で話すのとでは、気分が全然違いました。

まず、着替え・小道具とも忘れ物なく、時間までに確実に会

口上

場に着くことに、神経を使います。地方口演に行く朝は、目覚まし時計を鳴らしたことがありません。必ず早く目が覚めるのです。天気によって着物と草履《ぞうり》を変えることもあります。また、笑いのハードルが高いという関西、おとなしいという東北、そよとも笑いが起きなかったらどうしよう……。

そう、前の晩は、そもそもろくに眠れないのです。それで、無事に演じることができてお客様に喜んでいただけると、今度はまた興奮して眠れない。2晩眠らないで移動するのですから、体は疲れます。

2014年の夏は、体重が激減し、ジーンズが腰から落ちてしまうので、買い変えたほどでした。

また、弁護士としての講演なら言われないような感想も送られてきました。

「オチがない」「あれを落語と言わないで欲しい」「レジュメを使い、マイクを持ってやるなら、漫談《まんだん》というべきだろう」

……きっと落語好きの方なのでしょう。

私も、高校生の頃は「新作落語なんか落語ではない。古典でなければ」とかたくなに考えている方でした。鈴本演芸場で、初代・林家三平師匠の新作落語が始まるや、猛然《もうぜん》と助六寿司《すけろくずし》を食べ始める、という不埒《ふらち》なことをして、師匠から「お嬢さん、よっぽどお腹が空きましたか」とたしなめられたことさえありました。

だからこそ、古典落語には女の私に演じにくい演目（廓噺《くるわばなし》や武家の役など）があるからこそ、「限界を感じて」噺家になることを断念したのでした。以来、人前で古典落語を演じることは封印しているのです。

憲法噺を始めたのは、憲法をやさしく説明したいという思いからでした。弁護士や学者の話は、基礎知識のある人にしかわからないことも多く、せっかく初めて聞きに来た人達に「憲法は難しくてわからない」というトラウマだけを残してしまう、強い懸念《けねん》がありました。

宴席で落語を披露したがる飲み友だちに「私の方がうまいのに」とイラついた、という別の事情もありました。

決定的に背中を押したのは、「ガン友」の死でした。２０１３年4月18日、励まし合いながら乳ガンの闘病生活を送っていた若い友人が力尽きました。１人娘の中学入学を見届けた直後でした。「よく頑張った、やっと楽になったね」と思うと同時に、生きているうちにやりたいことをやろう、死ぬときに「憲法を落語の語り口で語ってみたらどうだったろう？」と思い残すのは悔《くや》しい。やって受けなくても、それだけのことじゃないか、と思い切ったのでした。

そんな経過があってやっと始められたことでしたから、「落語でない」と言われるのには傷つきました。

2015年5月、立川志の輔師匠が、噺家弁護士として私をラジオ番組にお招きくださったときは、本当に嬉しゅうございました。プロは「落語と言うな」と怒ったりしないんだ、と安堵しました。川柳《かわやなぎ》川柳《せんりゅう》師匠の「ガーコン」に接したときも、八つぁん熊さんの掛け合いだけが落語じゃない、と意を強くしました。

2015年は、56回の口演を行いました。地方口演にも慣れました。旅行好きでも乗り物好きでもありませんでしたが、行ってみると楽しいもので、誕生日プレゼントにもらったみややっこ人形を旅の友に、宿のテーブルや街の建物・像などにちょこんと置いては写メを撮《と》る趣味ができました。体重も少し戻りました。

志の輔ラジオ落語DEデート（2015年5月11日）収録時に（協力／文化放送）

２０１５年は、憲法が一層ないがしろにされた年であり、同時に、憲法の価値を知った人達が声を上げ始めた年でした。私のつたない活動も少しは力になっているか、と手応えを感じました。

２０１５年は日本が激動しました。この年に考えたことが、本書のテーマでございます。暮らしの中に憲法は生きているとわかるようになっています。お楽しみいただければ幸甚《こうじん》です。

第1章　個別の人権への攻撃

夏、京都・東寺

強制で愛は生まれない——日の丸・君が代（憲法19条　思想・信条の自由）

「春風に　桜木ゆれる坂道を　駆け行く子らの　靴の白さよ」
（栄村からの帰り、新幹線飯山駅ホームにて詠める）

栄村は、飯山駅から車で小1時間。途中のトンネルを抜けると、雪景色でした。人口2000人の村のホールに2000人がつどい、超満員。主催者《しゅさいしゃ》が慌《あわ》てておられました。

Iターンの女性たちの元気なおしゃべりが、祖父の家に帰ったような懐かしさでした。みややっこが一段落したら、また行きたいなあ。

春の憂鬱

桜の花の下、新学年がスタートする4月は、毎年気持ちがあらたまり、私の誕生日が4月ということもあって嬉しい季節です。

しかし、この時期私の心を曇らせるのが、東京都の公立学校で行われている日の丸掲揚《けいしょう》・君が代斉唱《せいしょう》の強制です。

２００４年（平成16年）３月の卒業式ないし、同年４月の入学式で起立しなかったことが、教育公務員としての非違行為（職務命令違反）に当たるとして、３人の教諭が懲戒されました。懲戒処分としては最も軽い「戒告」ではありますが、何度も戒告処分を受けると、より重い「減給」になります。それだけでなく、通常「戒告処分」にされるのは、交通事故や体罰など一般社会でも責任を問われる不名誉なことです。「君が代」斉唱時に起立しないことをもって、体罰といった戒告処分と同じに扱われるのは、先生たちにとって不本意なことでした。

私はその先生たちの代理人として、処分取消裁判を闘ったのでした。

都教委10・23通達下の式典

依頼者である教諭らの事情は、こうです。

その前年まで、八王子市内の中学校では、卒業生全員で協力してパネル（絵画）等を制作し、それを卒業式の舞台正面に飾って式典参加者に見てもらい、自分たちの３年間の成長を感じてもらうということがおこなわれていました。その卒業制作は、翌月の入学式にも飾られ、緊張気味の新入生を温かく迎えるとともに、３年後には自分たちもあんなすごい画を描けるようになるのか、と新入生に新しい学校生活への期待を湧かせてきたのでした。

その伝統が、八王子市教育委員会からの一片の通達で変更を余儀《よぎ》なくされました。この市教委通達は、同じ年の10月23日に東京都教育委員会が出した、日の丸・君が代強制の通達にならって出されたものです。

「今年はパネルを舞台正面に飾れない」と伝える教諭も辛かったけれど、当の卒業生たちは、当然に落胆し、怒りました。「どうして、私たちのは飾れないの?」

卒業式当日、起立の姿勢のまま君が代斉唱となる場面で、生徒たちの多くが、自発的に着席しました。理不尽な権力の行使に対する若者らしい潔癖《けっぺき》さでした。そんな生徒たちの前で立っていられないと思わず座った教諭もあり、卒業式で起立してしまった自分を許せず、入学式で着席した教諭もいました。その3人が処分されたのです。

厳粛《げんしゅく》で晴れがましい式典に、醜いシミをつけたのは、教育委員会の方針であった、と私には見えます。

子どもこそが主人公であるべき式典で、学業をさせてくれた「国」への服従を中心に据えるのは、日本国憲法第13条「個人の尊厳原理」に反する、と思うからです。

日の丸・君が代強制は、何が問題か?

「儀式的行事の際、舞台正面には定められた大きさの日の丸を掲揚することしか許さず、君が代斉唱時には起立して日の丸に正対する」ことが職務命令とされる結果、それに従わない場合は、職務命令違反として懲戒《ちょうかい》する。これのどこが問題なのでしょうか?

まず、「日の丸」「君が代」について、かつてわが国の侵略戦争のシンボルとされたという歴史的事実から、敬う気持ちになれない国民が少なからず存在するという点があります（事実、3人の依頼者におくれて懲戒処分を受けた夜間中学の教諭は、外国籍の生徒たちの前で、起立して君が代を歌うことに抵抗を感じた、と言います）。信条に反する尊崇の態度表明を、懲戒をもって迫ることは、本来、憲法19条「思想信条の自由」違反の強制に当たるというべきです。

しかしながら、裁判所は、強制の場面は式典の間と限られており、強制される行為も「起立する」「歌う」というささいなものであるから、受忍の範囲だとして、戒告《かいこく》までは仕方ない。しかし、信条から出た行為（座る）だから減給はダメ、という歯止めのかけ方をしました。

私はそれでは不充分だと思います。

教育委員会の論理は、日の丸・君が代を愛することは国を愛すること、国を愛することは日の丸・君が代を愛すること、という独自の前提の下に成り立っています。何を愛するか、どう愛するかは、各「個人」にとって、最も尊重されるべきプライバシーの領域のはず。右の教育委員会の論理は、国の愛し方について都（ないし市）が教員にたがをはめるわけで、憲法上許されない介入であると思われるからです。

私の愛国心・子どもたちに伝えてほしいこと

私は、私が生まれ育った国を愛しています。冒頭書いたとおり落語好き（落研《おちけん》出身）です。茶道は裏千家の茶名を持っており、書道は四段。愛国心がないと非難される理由はありません。愛国心と、日の丸・君が代が好きかは別のことです。まして、君が代好きなら直立の姿勢で何ホーン以上の声量で歌うはずだ、というのは勝手な決めつけです。

自民党は、この決めつけをしようとしています。

その改憲草案第3条1項で、まず「国旗は日章旗、国歌は君が代」と定め、同2項で「日本国民は、国旗及び国歌を尊重しなければならない」と義務付ける。この改憲がなされた後に、尊重の仕方が、法律によって細かく定められることは必至《ひっし》です（明治時代には、祝日に日章旗を掲揚することが政府によって奨励《しょうれい》されました。祝日を「旗日」と呼ぶのは、その名残です）。

義務付けられたからといって、尊崇《そんすう》の念が湧くものではありません。愛は強制では育たないのです。強制で愛させようとするのは、ストーカーが対象に対して持つ「愛情」にも似た、歪《ゆが》んだ人間観だと言わざるを得ません。

自民党流の国の愛し方を憲法で個人に押し付けようとしていることが問題の本質です。

卒業式・入学式等における教員への日の丸・君が代強制は、自民党のこのような目論見《もくろみ》の先触れです。生徒の前で、教員に「国」に服従する姿の模範《もはん》を示させて、教員を道具に生徒をも「国」に服従させようという戦術です。

もとより、式典で起立するかしないかの選択は、それぞれの教員に委《ゆだ》ねられています。たとえ起立したとしても、その強制は本来、憲法に反することを認識し、子ども達には、「憲法は何よりも個人が大事と謳っていること」を伝えて欲しいと思います。

栄村にて

東京から引っ越してきたんだけど
床下にタヌキの親子が居ついちゃったの
大丈夫かしら？
それはまずいよ！
春先のタヌキはやせててまずい！秋まで待った方がいいよ！
そうだ!! そうだ!!
まずい まずい
味の話かい!!

教科書採択の夏に（憲法23条　学問の自由）

2015年夏に、京都市「北区9条の会」結成記念口演をさせていただきました。会場は、織物の本場・西陣会館。化繊《かせん》の着物で高座に上がるわけにはいかないと、母から譲《ゆず》られた紗《しゃ》の着物に初めて袖を通しました。

翌日、東寺の月に1度のがらくた市に遭遇。炎天下、みややっこ人形とともに出店を冷やかして歩きました。売られている物も得体《えたい》が知れなければ、売っている店主も得体がしれなくて、客とのやりとりが面白い。

外国人観光客「コレハ、ナニニ、ツカウモノ、デスカ？」

商売気のない店主「それが私にもようわからんのですわ。何に使ったものやら、なあ、不思議でっしゃろ？」

こらこら。教育委員会の皆さん、教科書はそないな調子で選んだらあきませんよ。

教育勅語の下での教育

２０１５年の夏は、４年に１度の教科書採択の時期で、育鵬社《いくほうしゃ》版教科書が問題になっていました。

確かに、歴史については、南京大虐殺や慰安婦の有無など戦争の描き方を変えて、戦争責任を曖昧《あいまい》にしてしまおう、そして、子ども達を戦争に親しみやすくさせようという意図が見え、子ども達に使わせるにはふさわしくないと思います。

こうした、教科書・教育を利用して歴史観を変える企みは、今に始まったことではありません。戦前、子ども達は、まず、学校で教育勅語を徹底的にたたき込まれました。

「朕《ちん》、惟《おも》ふに、わが皇祖皇宗《こうそこうそう》、國《くに》を肇《はじ》むること宏遠《こうえん》に、徳を樹《た》つること深厚《しんこう》なり。我が臣《しん》民《みん》、よく忠《ちゅう》によく孝《こう》に、億兆《おくちょう》心を一《いつ》にして、世々《よよ》その美を済《な》せるは、此《こ》れ、我が国体の精《せい》華《か》にして、教育の淵源《えんげん》また実《じつ》にここに存《そん》す」

これが、教育勅語の冒頭部分です。

勅語・勅諭というのは、天皇の言葉という意味。明治時代は、天皇が統治権を総覧《そうらん》していましたから、教育勅語・軍人勅諭などほとんどの定めが、この「朕惟ふに」で始まりました。

「朕」は国家元首の1人称代名詞、「私」の意味（身分制社会では、身分によって自分の呼び方も異なりました。自分のことを「余《よ》」と呼んでいいのはお殿様だけだった、という風に）。

「私が思うに、私の祖先がこの国を始めたのは遠い昔で、樹立した徳は深くて厚い」

「私の民が、（私への）忠孝に、たくさんの人が心をひとつにして、代々、よくはげんできたという、その美徳は、私の国の麗《うるわ》しい華《はな》であって、教育の源は、この美徳を伝えるにある」

という程の意味です。

天皇は、この国を生んだいざなぎ・いざなみの命の子孫で、現人神だとされていましたから、先祖が国を建てたとされていました。

そして、我が国は神の国だから、いよいよというときには神風《かみかぜ》が吹いて、決して負けることはないのだ、と教えていたのです。

神風も、元寇のときに台風によって、元の船隊が大打撃を受けた、という史実の歪曲《わいきょく》です。草原での戦闘を得意とするモンゴル騎馬部隊が、にわかづくりの船団で、なれない海の闘いを仕掛けてきたところに、台風が来た（経験だけでなく、気象の知識も乏しかったのでしょう）。そのため、ひとたまりもなく沈没《ちんぼつ》の憂き目にあったにすぎなかった、と考える方がよほど合理的だと私には思えます。

「歴史の偽造」の歴史

天皇が現人神だという主張は、万葉時代、柿本人麻呂《かきのもとのひとまろ》が使い始めたものにすぎません。古事記などでは、神と時々の天皇との関係は、「万世一系《ばんせいいっけい》」（ずっとひとつの血脈）ではなかったのです。

さらに、人麻呂が「現人神」としたのは、大海人皇子《おおあまのおうじ》が、大友皇子《おおとものおうじ》率いる近江朝《おうみちょう》を、わずか40日で倒したことをもって、神業のようだ、と讃えたときでした（人麻呂は宮廷歌人ですから、お仕事をしたにすぎません）。

ところが、戦前の歴史教科書からは、大海人皇子と大友皇子とのこの争い、壬申《じんしん》の乱が消されてしまいます。

額田王

なぜなら、大友皇子は天智《てんじ》天皇の子。大海人皇子は天智天皇の弟。叔父が甥を自害させたなど、到底《とうてい》神がなさることではない、という判断からだったようです。ちなみに、天智天皇は、弟の妻であった額田王《ぬかたのおおきみ》を、自分の妻にしてしまった経緯もありました（額田王が天智天皇の後宮に入った後、額田王と大海人皇子との間で交わされた贈答歌「あかねさす　紫野《むらさきの》行き　標野《しめの》行き　野守《のもり》は見ずや　君が袖振《そでふ》る」「紫草《むらさき》の　にほへる妹を　憎《にく》くあらば　人妻故に　我れ恋ひめやも」はご存知の方も多いと思います）。

「大日本帝国は万世一系の天皇これを統治す」という大日本帝国憲法第1条からして、こうした虚構《きょこう》を前提とした条文だったということです。不幸なことであり、恥ずかしいとしか言いようがありません。

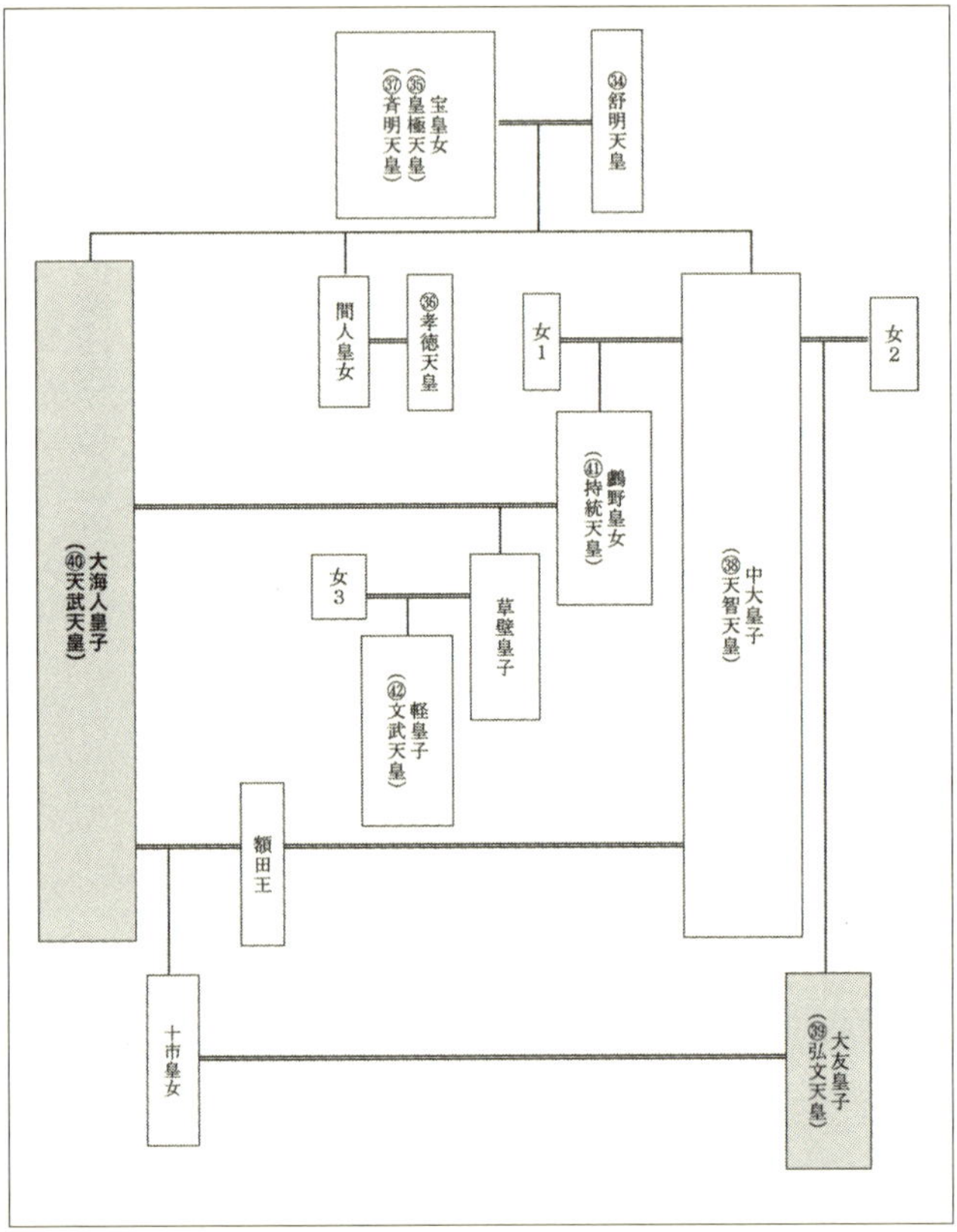

壬申の乱　人間関係図

誤ったヒーロー像の植え付け

戦時中、勇敢な兵隊さんがヒーローとして教科書に取り上げられました。

例えば、「木口小平」は、突撃ラッパを吹いている最中に被弾し、死亡したところ、「死んでもラッパを口から放さなかった」として、尋常《じんじょう》小学校修身の教科書に掲載されたのです。そうした教科書は、子ども達に、死んでも天皇陛下をお守りしようとした、その死に方を英雄視させ、自分もそういう兵隊さんになりたい、と思わせたのでした。

現在では、ラッパを放さずに死亡したのは、身体が疲労困憊《ひろうこんぱい》している状態で、突如死亡した場合に、瞬時に死後硬直が始まったケースだったのだろう、と言われています。武蔵坊弁慶の立ち往生と同じ理屈です。弁慶も、木口小平も、自分の意志で立ち続けたりラッパを吹く恰好《かっこう》をしていたりしたわけではないのです（死んでいるのだから無理だということは、子どもだってわかるはずのこと）。

悪だくみは芽のうちに摘み取ろう

以上のとおりざっと見返しても、明治時代から敗戦までの教育が特に異常だったことがわかります。

「教育」は、国民に「日本国」という統一の意識を持たせ、国民を欧米列強に負けないための「人的資源」に変貌《へんぼう》させる過程で、大いに利用されたのです。そして、不幸なことに、成果をあげてしまいました。

私の憲法噺を聞いた後、80代の方が近づいていらして、「教育勅語を思い出した。『この戦争は負けるよ』とつぶやいた父に、『お父様は非国民ですか』と食ってかかったことがあった。バカだった」といった、自責の思いを聞かせてくれることがしばしばあります。

「a stitch in time saves nine」これは、適切な時に1針縫っておけば後で9針縫《ぬ》う手間が省《はぶ》ける、という意味です。

教科書採択の夏は、毎回、将来子ども達に自責の気持ちを味わわせないための、その「時」だと思います。

公権力を行使する側の責務（憲法21条1項、および2項前段）

２０１５年8月15日は、高知市主催の「平和の日」記念事業の一環として口演をさせていただくことが早々に決まっていました。

そんな特別の日を指定して招いてくださるなんて、さすが自由民権運動発祥《はっしょう》の地・高知だ、と感心したのでしたが、年度が改まって担当者が変わったせいか、6月になると私の口演内容が「偏《かたよ》っている」とクレームが来ました。

そのとき、この項の文章を市にお送りして実行委員会で検討してもらい、予定どおりに開催できることになった、といういわく因縁《いんねん》のある原稿です。

市を相手取った裁判をせずに済んで、地元の弁護士も私もほっとしました。

世間話のつもりが

久しぶりに、私の中学時代の同級生に会ったときのこと。彼女は、H市の臨時職員として、コミュニティセンターに任用されていました。こんなことがあったのよ、と彼女が面白そうに語り始めました。

「ある絵画サークルが、コミュニティセンターの利用を申し込んできたんだけど、その活動内容が、女性のヌードを皆でデッサンする、ということだったの。センター内で女性が裸になるのはどうだろう、という訳で、センター長も困っちゃってね。ふふふ」

「で、どうしたの？」と私。

「前例がないからって、断っちゃったわよ。だって、センター内でヌードよ。まずいじゃない？」

「え～っ、国民の表現行為に対する制約じゃないの！　ひどい！　ＬＲＡ（後述）の基準を適用すべきでしょう！　裁判されたら、違憲判決が出るところよ」

かわいそうに、彼女は面白い世間話をしたつもりが、私から、急に、意味のわからない怒りをぶつけられてしまい、呆然《ぼうぜん》としていました（もちろん、すぐに、怒りがほとばしったことを謝って、別の当たり障《さわ》りのない話題に移りましたが）。

表現の自由――民主主義の担保

表現の自由（憲法第21条）など精神的自由は、経済的自由に比べてより高度な保障が必要とされています。逆に言えば、精神的自由を制約するケースでは、経済的自由を制約するケースよりも、一層厳格な基準で憲法上許されるかどうかが審査されます（二重の基準）。

なぜかと言えば、経済的自由は、仮に誤って制約されてしまったとしても、民主主義が健全に機能している限り、誤りを正すことが可能なはずで、かつ、その是正《ぜせい》方法も経済的支援で充足できると考えられるからです。

これに対し、精神的自由が誤って制約されてしまうと、民主主義の過程から、是正を求める表現そのものが排除される結果、是正が難しくなる。つまり、精神的自由の制約は常に民主制そのものを歪《ゆが》める危険性をはらんでいるのです。

国民の表現行為に対する制約について、法律家は敏感にならざるを得ません。

ＬＲＡの基準

私が口走ったＬＲＡというのは、「Less Restrictive Alternative」の略で、日本語では、「より制限的でない他の選び得る手段」と訳されています。

他にもっと制限的でない方法があるなら、そっちを選ぶべきである、という基準です。

たとえ前例がないとしても、コミュニティセンター内でヌードになることの何が悪いかを具体的に考える必要があった、ということです。

考えられることは、淫らな行為がなされる危険性や他の利用者にひわいな展示として刺激や不快感を与えることでしょう。

それならば、例えば、職員を立ち会わせるとか、暗幕で外部から見えないようにするといった回避方法がありえます。

市は、より制限的でない方法を選択しなければならないにもかかわらず、一律禁止は行き過ぎであり、使用不許可は表現の自由をないがしろにする決定で、違憲だ、と私は言いたかったのでした。

東京都青年の家事件

実際に、LRAの基準で違法とされた事件があります。

東京都のF青年の家が、「動くゲイとレズビアンの会（通称アカー、OCCUR）」の利用申し込みに対して、「青少年の健全な育成にとって、正しいとはいえない影響を与える」として利用を拒否したことから、同団体が正当な理由によらない差別的な取り扱いであり、人権侵害であるとして、損害賠償を求めたケースです。

都側は、青年の家における「男女別室ルール」を盾に、同性愛者団体が宿泊すれば男女同室の場合と同様に性的行為が行われることが想像されるから、他の利用団体の青少年による嘲《ちょう》笑《しょう》や嫌がらせを引き起こしかねず、ひいては青少年の健全育成に反する、などと主張しました。

裁判では、「都教育委員会を含む行政当局としては、その職務をおこなうについて、少数者である同性愛者をも視野に入れた、きめ細かい配慮が必要であり、同性愛者の権利・利益を十分に擁護することが要請されているというべきであって、無関心であったり知識がないということは公権力の行使に当たる者として許されないことである」という判断のもと、一審二審を通じてアカー側が勝訴。都は上告せず、判決は確定しました。

「前例がないから」「面倒だから」「一律不許可」とするのは憲法上許されることではないのです！

公権力の側という意識

私が友人の話に怒りを抑えられなかったのは、友人が「Ｈ市の臨時職員」となった時点で、公権力を行使する側になったにもかかわらず、その意識を明確に持たないまま、絵画サークルの申込を、なんだか私の家の中に裸の人がいるのは気持ち悪いじゃない？的な「感覚」で断ったその鈍感さのためです。

彼女の名誉のために断っておきますが、私の友人が特に意識が低いのではないと思います。センター長までも、彼女と同じノリだったことがわかります。

公権力を行使する側になることは、前記判決も説示しているとおり、人権に対する感覚を鋭く持つことが要請されるということです。その自覚が現場の皆さんに欠けている。そのことを憂慮《ゆうりょ》しています。

今、あちこちの市民会館などで、９条の会や秘密保護法に反対する会の使用申請に難色が示される事態が起こっています。公権力を行使する側の人達には、先の判例ひとつでよいから、まず勉強して欲しい。切実にそう思うのです。

母の教えです

第2章　人権を守る制度への攻撃

春、京都・嵯峨野にて

地方自治は民主主義の学校（憲法第8章　地方自治）

志の輔師匠のラジオ番組「志の輔ラジオ　落語DEデート」に呼んでいただくきっかけになったのは、北陸新幹線開通の1週間後に、富山で行った口演の新聞記事でした。

180人収容の会場に230人ものお客様が詰めかけたことを報じた地元紙の記事を、参加者の誰かが富山県出身の師匠に送ってくださったそうなのです。

ラジオ出演を知らせたところ、富山の主催者方が歓声を上げていました。

富山に限らず、私の口演は、うかがった先々の地元紙、全国紙地方版、ケーブルテレビ、ローカルニュースなどで取り上げていただきました。

各地に息づく豊かな文化、それを支える矜持《きょうじ》。地元メディアの心意気を感じました。

それから、食の豊かさ！　お金を出さなければ食べる物が手に入らない（東日本大震災の後は、食糧そのものが乏しくなった）トウキョウの危うさを思いました。

真の地方創生は、地方の自治を尊重することと思います。

広域化が阻む直接民主制の理念

２０１５年春、一斉地方選挙が行われました。

地方自治体の選挙は、国政よりも選挙民の身近な問題にかかわるのだから投票率は上がっていいようなものですが、実態は必ずしもそうではありません。

ベッドタウン化が進み、日中地元にいない労働者が、地元に帰属意識をもちづらくなっているのも一因かもしれません。それだけでなく、先頃流行った「平成の大合併」で、各地方自治体がそれまで以上に広域化し、住民らの要求実現が一層困難になったから、という面があるように思えてなりません。

例えば、埼玉県所沢市では、小中学校にエアコンを設置する条例制定を求めて、保護者らが署名を集め、２月15日、その是非《ぜひ》を問う住民投票が実施されました。投票の結果、賛成は約５万７０００票（投票率31・54％）。議会が「達成したなら斟酌する」とした、有資格者の３分の１（約８万３０００票）に及びませんでした。

この例からもわかるとおり、自治体の単位が広域化すると、住民らの要求実現運動は、相当大規模に展開できない限り、実現が難しくなります。

地方自治法が定める直接民主制の実現が実質的に困難となり、住民の主権者意識は低下、政治は住民から遠いものになってしまうのです。

4つめの国家権力抑制システム

日本国憲法の定める地方自治は、三権分立（国家の統治権を三権に分けて相互にチェックさせるシステム）とともに、国家権力の暴走を住民自治によってチェックしようという発想に立っています。

私は大学の講義で、地方自治は国家権力を抑制するための4つめの装置であり、日本国憲法は実は四権分立である、と教わったものです。

米軍基地移転をめぐり、沖縄県と政府が対立している現状を見れば、右のことがよくわかると思います。

明治憲法に地方自治の条項はない

当然ながら、天皇主権であった明治憲法に、地方自治の条項はありませんでした。

全国をくまなく統制するために、国家によって任命された県令などの官吏《かんり》と役場が置かれたにすぎません。県は上位に、市町村はその下に位置づけられていました。最高位は、もちろん国でした。

日本国憲法では、国と広域的自治体（都道府県）・基礎的自治体（市町村）に、上下関係をつけていません。それぞれの構成員（国民・住民）に由来する権威を持つ、対等な権限を持った存在と位置づけています。

自治体広域化の歴史

明治憲法制定前、明治政府は江戸時代に存在した集落を追認する形で、7万を超える市町村を認めていました。

明治憲法制定時に、これらが統合されて、1万6000程に減りました。このときは、全ての市町村に小学校を、という理念の下に合併《がっぺい》が進められ、一定、住民の利益になる面もありました。

戦時合併を経て、昭和の大合併（1960年、私の生年）で、市町村数は3500余りに減りました。全ての市町村に中学校を、と謳《うた》われたようです。

2013年の平成の大合併では、市町村の数は1700余りにまで減らされました。ここには、住民にとって利益になることは何ひとつなかったと言えるでしょう。

「広域化」しないと、限界集落のような高齢化した弱小自治体が「消滅」してしまう、という

「見通し」の下に、市町村の存続をかけて推奨《すいしょう》されたのが、平成の大合併でした。

しかし、大きくなった市町村が「存続」しても、「効率化」の名目で、結局、小規模集落の行政サービスは切り捨てられました。

私は川口市（埼玉県）に合併した旧・鳩ケ谷《はとがや》市にも口演で招かれました。そこでは、市役所の出張所であつかう業務をもっと増やしてもらいたい、との陳情活動がなされていました。こうしたことが、全国で起こっているのです。

「民主主義の学校」を救え

右に述べたとおり、日本国憲法は、地方自治に、直接民主制を通じて民主主義を学ぶ、「民主主義の学校」としての位置づけを与えています。

しかし、地方自治体が大きくなると、ちょうど大人数学級と同じように、行政の目が届きづらくなり、また、住民の声も行政に届きにくくなります。

広域化した自治体の中で、民主主義をどう実践すればいいのでしょうか。

私は、小学校の学区ほどの規模のコミュニティの活動が、自治をになう重要な要素になると考えています。

災害や犯罪に際して、コミュニティの存在が住民をどれほど守ってきたかは、東日本大震災や子どもに関する事件事故を思い出せば、容易に理解できるのではないでしょうか。

主権者意識の醸成を

18歳以上の国民に選挙権を認める選挙法の改正がおこなわれました。実感しにくくなっている主権者意識を、子ども達にどのように伝えるか。子ども達は、おとなの行動を見ています。読者の皆さん自身が、首長や議会の政治姿勢が変わることで、どのような影響を受けたかをもう一度思い返していただきたい。

そして、声が届きやすい、地方自治のあるべき姿を考えて、選挙に参加して欲しいと思います。

熊本城、宇土櫓と

憲法は国家財政の指針でもある（憲法第7章　財政）

長崎から、7月上旬に来てもらえないか、と打診《だしん》され、1週目は青森だからとても無理、2週目は「九州は九州なんですけど、大分なんですよぉ」。そう答えると、「あ、大分なら長崎駅前から直通バスがありますよ！」と、既に歓喜の声。「そういうことなら……」とつい割り込みを認めてしまいました。

確かに、バスはありました。大分駅前に到着するまでおおむね4時間かかっただけのこと。初めての町の夜の繁華街を、予約したホテルを探して歩いたときは、心細かったです。旅行も、経済も、ちゃんと計画を立てないとね、というお話です。

国民の声に押されて計画変更

2015年7月17日、アベ首相は、新国立競技場の建築計画を白紙に戻すと発表し、多くの国民は安堵《あんど》の息を吐きました。

新国立競技場建設の総工費は、当初案の１６２５億円を９００億円も上回る２５２０億円にものぼることが報道され、国民の８割以上が反対する事態となっていました。

２５００億円あれば……、就学援助の子ども達がどれほど助かるか。給食費の負担も軽くできるではないか。お年寄りの年金削減も歯止めがかけられる。司法修習生の給費制を復活させられる！　国民の多くが、そう思ったに違いないのです。

言論の自由によって、政策の誤りが是正された、好例でした。

「たった２５００億円」

アベ首相が、先の決断前に最後に説得したのは、森喜朗東京オリンピック・パラリンピック競技大会組織委員会会長だったと報じられています。

同人は、新国立競技場でラグビーワールドカップ（２０１９年）を開催することを悲願とし、「たった２５００億円が出せないとは情けない政府」とさえコメントしました。石原慎太郎次世代の党最高顧問（当時）は、「新税を作れば賄える」と発言した、との報道もありました。

国威発揚《こくいはつよう》の施策のためには国民にどれほどの負担を強いても意に介さない。私の頭に浮かんだのは、「立派な天守閣を造れば、他藩から尊敬され、領民もわが藩を誇りに思うに違いないのじゃ、金が足りぬなら、年貢の割合を上げれば済むではないか」とのたまうダメ藩主、バカ殿の姿でした。

今日、国家財政は、政府が好き勝手に決められるものではありません。憲法によって、一定の指針が定められています。

もとより、国会や裁判所や政府など骨格となる組織の維持費は必要です。公務員の人件費もしかり。そのほか、国民の人権を保障するための費用（例えば、教育を受ける権利（26条）、健康で文化的な最低限度の生活を送る権利（25条））が、計上されなければなりません。

「たった2500億円」「新税」という発言には、なんという時代錯誤か、と慄然《りつぜん》とさせられました（租税法律主義84条参照）。

国家財政と家計

政府は、国民の権利実現のために予算配分をすべきなのです。

歴代自民党政権は、国防が最も大事である、国が滅んで民の幸福はない、という思考順序で、米国に対する思いやり予算や自衛隊への支出に大枚をはたいてきました。

そうでしょうか？

かつて、鉄の女と呼ばれた英国のサッチャー首相は、「家計の切り盛りができれば、国家財政だって切り盛りできないはずはない」と豪語《ごうご》したそうですが、私も同感です。

セキュリティーにお金をかけた家の中で貧乏暮らしをするのは、主婦の経済感覚にはなじまないでしょう。

50年前の東京オリンピックと比較すると、今度のオリンピックは、国民側の事情が全く違います。

先のオリンピック当時、私は4歳でしたから定かな記憶ではないものの、国民の多くが敗戦のダメージからの復興《ふっこう》を確認するかのように、オリンピック開催を喜んでいたように思います。夢の新幹線が走る、オリンピック観戦のためにテレビを購入する……。

1960年代、「もはや戦後ではない」が合言葉だったように、国民は自信を取り戻し、国際社会に再び歩み出そうとしていました。

現在はどうでしょう？　東日本大震災からの復興は、少しずつ進んではいるものの、まだ先が見えません。とりわけ、福島第一原発の事故は収束のめどさえ立たないままです。オリンピックより復興ではないか、という東京都民の冷ややかな世論が、オリンピック招致《しょうち》活動のあしかせになっていました。

アベ首相は、原発の汚染水は完全にコントロールされている、と嘘をついて、オリンピックを招致しました。高齢者の年金は削られ、若者の就職もままならない今、他国の5倍もの建設費がかかる開閉式のドームを見て、誰が喜ぶというのでしょうか。

国会は、もっと憲法に添い、民意にかなう財政運営をすべきだと思わずにいられません。

「トリクルダウン」の虚構

アベ首相は、大企業のもうけが大きくなれば、いずれそれが、従業員、ひいては国民全体に行き渡るから、大企業減税や金融緩和が景気をよくする基本方針だ、と強調してきました。「異次元の経済政策」ともてはやされた「アベノミクス」です。

「異次元」の意味が私にはまったくわかりませんでしたが、今や、「アベノミクス」のメッキがはがれ落ち、格差と貧困が剥《む》き出しになりました。

先に書いたとおり、国には国民の人権保障のために予算をつける義務があります。いずれ私企業があまったもうけを従業員に分けるはずだから、まず企業を肥やすのがいい、という段階論など憲法は認めていません。

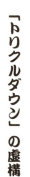

家計でも、収入が増えたからといって、ただちに小遣いを増やすわけではないでしょう? 家屋の補修や将来の備え、投資も考えるかもしれません。私企業の良心に期待するのは希望的観測にすぎないのです。

人権保障という、まずしなければならないことがあるなら、その費用を確保する。大もうけをしているところからがっぽり税金を取り、国民の負担を小さくすれば、その分各世帯が使えるお金は増えるわけで、簡単に景気浮揚《けいきふよう》の実はあげられるはず。消費税増税など国民に更なる負担を強いるのは、ダメ藩主のなせる業です。
国家財政も国民のためにある。この憲法の理念も、よく噛みしめてほしいと思います。

よく聞いて下さって……

憲法とモラル

新潟県上越市頸城地区《じょうえつしくびき》にお邪魔したのは、まさに稲刈りシーズン。久しぶりに見た稲刈りの様子に、テンションがあがりました。ところが、作業するのは男性3、4人。コンバインが、バリカンで髪の毛を刈るように、稲を刈っていき、籾《もみ》は噴水のようにトラックの荷台に、藁《わら》は刻まれてタイヤの周囲に吐き出されていました。はさ架《か》けはしないんだ……隔世《かくせい》の感で、落ち穂をついばむカラス2羽と一緒に作業を眺めていました。

私の農作業の思い出は、すっかり時代遅れだったようです。ちょっとさびしい気がしました。

さて、誰しも専門外のことは知らないものです。けれど、法律は、知らないからといって無関係ではいられないところが厄介です。大枠だけでも知っておいた方がお得ですよ。

叔母との会話

ある日のこと。元教員の叔母から電話がかかってきました。「みやこちゃん？　忙しいとこ悪いんだけどさ」いつもに似ず、せき込んだ様子。

聞いてみると、交通事故を起こしたらしい。といっても、傾斜《けいしゃ》地に建つ自宅前に停めた自家用車が、ブレーキのかけ方が甘くて、ゆるゆると動き始めたものの、さいわい、隣家の自動車がすぐ下方に停車していたので、それにコツンとぶつかって停まった、という軽微な事故のようでした。ただ、コツンと停まる前に、叔母の車のタイヤひとつが隣りの人の足を轢《ひ》いて（踏んで）過ぎたというのです。

「はあはあ、それで？」と私。

「昨日、お隣りにお詫《わ》びとお礼に行ったところ、『損害賠償《そんがいばいしょう》とは別ですね』と言われた。私は、反則切符を切られて減点になり、事情聴取も受けたのに、この上、賠償までしなきゃならないの？」

と狼狽《ろうばい》している。

「おばちゃん。反則切符は行政処分。事情聴取は刑事事件。たぶん、送検されても起訴されないんじゃない？　民事の賠償責任は別よ」

「え、そうなの？」と叔母の悲痛な声。

「で、損害はいくらって言ってた？　骨折したわけでも、傷ができたわけでもないんでしょ？　治療したとしても費用はたかが知れてるんじゃないの？　損害額の明細もらって、それからまた連絡してよ」

その件は、立ち消えになりました。

民事と刑事

「損害賠償責任」という言葉が出ただけで、こんなに混乱するのか、と私には軽くショックでした（自分のことだったら私も混乱するかもしれませんが）。

民事というのは、対等な人と人との関係の分野です。私的自治の原則、契約自由の原則といい、個人の意思で好きなように契約できるというのが、農奴制から市民革命を経て市民が獲得した大原則です（人身売買のように、公の秩序に反する契約は、無効です。民法第90条）。のちに、対等ではない、不動産の貸主と借主、使用者と労働者、公共団体と市民などは、特別法によって、弱い立場の側が補強されます。

かたや、刑事事件は、そんな行為（窃盗・殺人など）を許していては市民社会の秩序が保てないというときに、国家が罰を与えるものです。刑事裁判を提起する検察官は、「公益の代表者」であって、被害者の代理人ではありません。

行政処分は、損害・被害はまだ生じていないけれど危険性が大きい一定の行為について（例えば、信号無視や酒気帯び運転）、ペナルティを科し、社会秩序を維持しようというものです。

叔母の「事故」は、ブレーキ操作のミスで危険な行為ですが、さいわいに実害がほとんどなかったため、刑事的にも民事的にも責任を追及されずに済んだということです。

法的責任の有無の判断

また、私が電話法律相談を担当していたときのこと。マンションの一室を売却しようとしたところ、同じフロアの数軒先でかつて自殺があったことがわかり、売り出し価格を下げるよう仲介業者から言われている、私の責任ではないのにおかしくないか、というご相談がありました。

「それは商取引として仕方がないことです、通常の値段で売却した後に自殺事例がわかったら、結局、契約上のトラブルになりますよ」と私。かたわらで聞いていた担当者から、「えーっ、売主が気の毒」と私に非難がましい目を向けられてしまいました。

取引には経済もかかわってきます。買手がつかない商品なら値が下がるのは、市場の原理です。私に責任はない、と肩をそびやかしても、商品に買い手がつくものではありません。

かといって、自殺者の遺族に売価下落の責任を問えるか、といえば、近隣住人がマンションを売ることまで当然には想定できない以上、それも難しいというべきです。

法は最低限のモラル

何故、このテーマで書いたかというと、2015年夏、学校だよりに「憲法より礼儀が大事！」という文章を載《の》せた市立中学校校長がいた、という報道に触れたからです。その人は、「憲法を知らなくても生きていくことはできる。けれども、礼儀を知らなければ生きていくのは難しい。その意味で、礼儀は憲法より大事なのだ」と書いたそうです。

余りのことに、愕然《がくぜん》としました。

裁判で争われるのは、互いに相手を「常識がない」と言い合っているようなケースです。どちらの言い分を国が是とするか、決着を付けるのが裁判だ、とも言えます。「礼儀」が通じなくなったときに、法律の出番となります。「礼儀」だけで世の中を生き抜いていけないから、法律があり、その法律の権威を支えているのが、憲法秩序です。

たとえば、東京電力は、福島の原発事故について、全電源喪失は想定外だったし（法的には「予見可能性がなかった」という）、風評被害は福島産の物を敬遠する消費者のせいだから、自分たちに法的責任はない、ただ、道義的にお見舞いはしましょう、という基本姿勢でいます。

これに対して、多くの弁護士が、お見舞いで済まされる次元ではないと、東電の法的責任追及に立ち上がっている、というのが現在の状況です。

どこを「法的責任」のレベルとすべきか、国民の権利主張に正当性を与えてくれるのが憲法の価値基準なのです。

公務員なのに、憲法と法律、法律と生活の連関に思い至っていなかった校長先生には、猛省をうながしたいです。

よくある誤解

息子へ——わが青春の政治状況

みややっこのファンだという、尾張一宮《おわりいちのみや》の方からお手紙をいただきました。当地は市川房枝《いちかわふさえ》さんの出身地だそうで、「みややっこさんには、是非、次の市川房枝さんになってもらいたい」と、熱いエールでした。

ただ、残念ながら、私は、市川房枝さんのご活躍をリアルタイムでは知らないため、今ひとつピンときませんでした。

世代によって、ヒーロー・ヒロインが違うのは仕方のないことです。

離婚した夫の家庭で育った息子に、伝えたくても伝える機会がなかった「母の時代」を書きとめてみました。

革新懇

私は八王子革新懇の事務局長もつとめています。

「九条の会」が、２００４年６月、時の政権党であった自民党による改憲の動きに抗して結成されたのに比べ、「革新懇」（正式名称「平和・民主・革新の日本を目指す全国の会」）は老舗《しにせ》です。１９８１年結成で、２０１６年は創立35周年になります。

結成の契機は、その前年１９８０年１月１０日の「社公連合政権構想」（一般に、「社公合意」と略称される）にあります。これによって、社会党はそれまでの社共共闘・革新統一の路線から、共産党排除へ転換したのでした。

「革新統一」。なんと懐かしい響き。

私は、もともと政治意識が高かったわけではありません。１９７０年代、共産党が躍進したころ、私の父は「共産主義になったら財産が没収されるかと恐かった」と自民党を推していましたし、成田空港反対闘争のテレビ画像を見ては、「あんな学生になってはダメ」と母が言っていたものです。政治は遠くてわからない、時に恐いものでした。

転機は水戸一高に入学した１９７６年の夏。

同高は元男子校（旧制中学）で、私の学年で女子はやっと1割しかいませんでした。運動部の夏合宿の食事の作り手が不足して、マネージャーでもないのに食事作りの手伝いを頼まれました。

昼食の支度をしていると、３年の女子が駆け込んできました。「長沼ナイキ、不当判決よ」「えっ！」３年生のマネージャーが一緒になってテレビのある職員室に走って行き、「ナガヌマナイキ?」、私はただ立ちつくしていました。

水戸一高に入ったら、社会問題を知らないのは恥ずかしい。それから社会問題を自分の頭で考え始めたように思います。まさに「革新統一」という言葉が輝きを放っていたころに、私は高校時代を過ごしたのです。

社会党の思い出

少し私の青春の思い出にお付き合いください。

かつて、社会党が、自衛隊は違憲だが合法的な存在だという「違憲合法論」というものを提唱したことがありました。石橋正嗣《いしばしまさし》委員長の「現実路線」の結実です。1986年6月、社会党は総選挙で敗北。石橋氏は引責辞任。

次に社会党党首となったのが、2014年9月20日に亡くなった土井たか子氏。憲政史上初の女性党首でした。彼女は従来から、護憲派として知られ女性差別撤廃の旗頭でもありました。1989年総選挙で、社会党は、改選議席の倍以上を獲得。そのとき彼女は、眼前にひしめき合う取材陣に対し、「山が動いた」と確信に満ちた口調で応えました。自立した女性のひとつの姿として喝采《かっさい》を浴び、「おたかさん」ブームが起きました。

社会党・公明党・連合の会・民社党の四党連合は、このときの国会に消費税廃止法案を提出します。自民党が多数を占める衆議院で廃案となりましたが、一定の「革新的な」動きがあったことは事実でした。

しかし、先の選挙のときから、おたかさんブームに乗じた、社会党の女性候補擁立策に私は違和感を覚えていました。女性候補なら当選しやすいとして「マドンナ候補」と呼ばれ、それは女性差別の裏返しではないのか、と感じていたのです。

案の定、候補者選定をめぐって、他党との調整や党内の人事で揉め事が多発。おたかさんの組織活動の弱さが指摘されました。１９９１年統一地方選挙で、社会党は敗北。おたかさんが引責辞任します。

１９９３年総選挙で社会党そのものは敗北したものの、細川内閣に与党として参加しました。おたかさんは、女性初の衆議院議長となります。

１９９４年社会党は、自民党・新党さきがけと連立政権を組みましたが、それでも、翌95年参議院通常選挙でまたも敗北。社民党と改名し、おたかさんが、再び党首に擁立されたのでした。

政治家としてのおたかさんを思い出すと、やっぱり、学者であって、生活の実感が乏しかったのではないかな、と思われてなりません。ブームはあったけれど、党として筋を通すことができなかった。「マドンナ」というあつかいの限界だったような気もします。

新しい共闘の模索

さて、平成元年（１９８９年）生まれの我が息子にとっては、社民党がかつて社会党という名前であったことさえ「歴史」です。おたかさんも、「日本の憲政史上最初の女性党首は誰？」という歴史クイズなのかもしれません。

社公合意は遥か昔、「社共共闘なんて時代があったの？」の世界です。

二大政党制がいいと言われた。自民党がいやで、民主党に投票した。山は動いたはずでした。しかし、民主党は、自民党より悪くなったと言われました。自民党から、「いつまでマニフェストにこだわっているのか」と非難されて、民主党は、党内分裂を回避するのにきゅうきゅうとするだけでした。その余の政党は、名前を覚える間もなく消えてしまったりする。誰がどの党の所属だったたか、さっぱりわからない。

「どこに投票すりゃいいんだ。どこに投票したって同じだ。誰も、本当に国民のことなんか考えてないんだ。政党助成金が欲しいだけだろ？　いっそ、おおさか維新なんかおもしろいんじゃね？」

息子のニヒリズムが悲しいです。

息子よ。母もかつて（高校生のころ）、新自由クラブという新しい政党に期待したことがあったのよ。党首・河野洋平氏は、後に、自民党にお戻りになりましたっけ。目新しさだけで選んではだめだよ。

確かに、「政治革新」の道筋は、社会党が存在した頃より今の方が見えにくいように思います。

でも、政治革新を願ってずっと活動を続けてきた人達はいたのです。その経験を（成功も失敗も）生かすべきではないでしょうか。

何ができるかわかりませんが、私の世代が、「平和・民主・革新の日本をめざす」活動と経験を、若い世代に引き継ぐ役目を果たさなければならない、と思っています。

若い力と先達の経験。現時点での政党間の横の協力だけでなく、時間軸の前と後、縦のつながりも尊重し合いながら、今こそ、アベ政治に対抗する勢力の総結集を図るときです。

第3章　国民の不断の努力で

広島県・宮島口のホテルで（模型）

閣議決定で集団的自衛権を認めるということ（憲法99条）

全国で毎週ライブをやっていると、思いがけず懐かしい人に出会ったりします。高校・大学の、恩師・同級生。近所だった人。遠くに嫁いだ従妹。

一番笑えたのは、母の60年前の教え子さんが声をかけてくださったときです。

「みやこちゃんでしょう？　ポスターの顔が久弥《きゅうや》先生（父）と同じだったから、すぐわかったのよ。おむつ替えてあげたの、覚えてる？　大きくなったわねえ」

「あ、母から今日おいでになると聞きました。……どうもお世話になりました」

50歳を過ぎて、「大きくなった」と言われる自分に笑ってしまいました。

ライブはいろんなことがあり、本当に面白いです。ただ、時間の制約があるため、質問に十分応えることができないのが残念。ここでは、質問に対する答えを書いてみました。

首相は公務員じゃないんですか？

口演の後に、参加者から「アベ首相は公務員じゃないんですか？」という質問を受けました。

「もちろん、首相は公務員ですよ」

「それなら、憲法尊重擁護義務（憲法第99条）があるでしょう？　憲法違反のことを内閣が決めていいいんですか？」

やってはいけないと決められているのに、何故守らないのですか？　理解できない、ということでしょう。

真面目だなあ、と思います。

憲法を定めれば、それだけで憲法が期待するような国になるわけでないことは、私が憲法断の中で指摘しているところです。法律も、定めれば皆が例外なく従うというものでないことは、読者のみなさんもおわかりのはずです。法律を守らない人がいることを想定しているから、守らなかった場合のペナルティの定めもあります。

刑法で、例えば、「殺人」という行為を犯罪と規定しても、殺人はなくならないでしょう？

先の質問は、「殺人は犯罪とされているのに（刑法第１９９条）、殺人は何故なくならないのですか？」という質問と変わらないように感じられます。

このように説明すると、「いや、殺人を犯した人は刑罰を受けるのに、アベ首相は平気でいるではないか」と反問されます。

それはそうです。憲法第99条は、例えば、「憲法尊重擁護義務に違反した者は、○○年以上の懲役に処する」というような定め方にはなっていないのだから、刑罰を科すのは無理です。

悪いことをしたのに罰がない？

どうも、そこが皆さんには納得がいかないようです。

憲法は完成形なのか？

まず、憲法の価値観は不変か、という問題があります。

現行憲法の9条を守れと言っている側の人の中にも、たとえば、天皇制の規定は変えた方がよい、と主張する方もいますね。

「憲法」が「不磨《ふま》の大典《たいてん》」（明治憲法はそのように言われていました）だとは、私は思いません。それぞれの国の、それぞれの歴史的な限界の中で、人権意識が拡大してきた、憲法制定当時の到達点だと思っています。

その認識があるから、憲法自身が、将来、憲法を変えるための手続規定を置いています（第96条）。

例えば、男女平等が当然ではない社会で、女性も男性と対等の人権を享受できるはずだ、という認識がその国の主権者の多数になったとき、男性優位の憲法が変わるなら、それは、その時の憲法には違反するけれど、人権保障には資することです。

現行憲法は、そういう事態を想定しているのです。

憲法尊重義務は意味のない規定か？

では、憲法第99条なんか何の意味もない規定なのでしょうか？

そんなことはありません。

国民が憲法を支持していることを承知している限り、これまでは政府も与党も、今の憲法を尊重しない、と開き直ることはできませんでした。

だからこそなしくずし的に自衛隊を作り肥大化させ、その現実が憲法の明文と整合的でないから、憲法を変えよう、という筋書きをたどってきました。

しかし、先にも書いたとおり、殺人がなくならないからといって、殺人という行為が合法化されるものではありません。

自民党がたどってきた軌跡は、憲法尊重義務と正面から対決することなく、改憲の実を取ろうという、本と末を転倒させるへりくつでした。

なぜそのようなまわり道を選んだのかというと、彼らの狙うところが、個人の尊厳原理を中核とする現行憲法の体系とは相容れない、国家主義的な価値観だったからです。

「国民の白紙委任」というまやかし

さて、そこで、アベ首相です。

アベ首相・自民党総裁は、２０１４年暮れ、「アベノミクスに対する国民の信を問う」「消費税増税を先送りすることに国民の賛同を得たい」という、手前勝手な理由で、総選挙に打って出ました。

アベ政権を支持しなければ、まるで消費税増税を急いでやれ、と言っているかのような問題の立て方です。

経済問題にばかり耳目《じもく》を集めさせ、憲法問題は、選挙公約の末尾にちょっとだけ「改正を目指す」としてありました。

選挙の結果、自民党の当選者数は減ったにもかかわらず、新聞各紙は「自民圧勝」と書きたてました。

「圧勝ムード」の中で、アベ首相は、「国民の白紙委任を受けた」として、憲法改正に突進しています。

お分かりでしょうか？

アベ首相の頭の中では、２０１４年７月の集団的自衛権行使容認という閣議決定も含めて、同年末、国民の「圧倒的」支持を得た、という理解になっているのです。

自分が争点を隠したことも、自民党が負けたらすぐにも消費税が増税されるかのように装ったことも、何ら反省することなく（しないでしょうね、作戦なのですから）。

アベ首相は、「現行憲法を乗り越えろ、という国民の要求に背中を押されて」行動している、という体裁《ていさい》を取っているのです。

さきほど述べた、「憲法制定権力である国民の総意による改正だから、合法だ」と言っているということです。

憲法守れの声を急速に広げよう

私は、憲法を変えた方がよいか否か、という質問の立て方は議論を混乱させると思っています。自民党の改憲草案のように変えていいかどうかが、今の問題です。

アベ流の改憲は、人権保障に真っ向から反します。現行憲法の下で許されるはずのない変更です。

アベ首相は、その許されないことをなしとげるために、①9条を変えて「自衛権」という文言を入れようとして、国民の反対に屈し、②96条改正で憲法を変え易くしてから9条を変えようとして、より広範な国民の反発で挫折し、やむなく、③自分と配下の者達だけでできる「闇議決定」で集団的自衛権を認める方法を取りました。
④その後に、アベノミクスと消費税増税延期を主要な争点であるかのように装って総選挙を闘い、得票数も議席も減らしたのに、「自民圧勝」報道を振りまいて、「すべての政策について国民の信任を得た」、と体裁を取りつくろっているのです。
③④の手法を見れば、アベ首相が、だましのテクニックで憲法を変えようとしていることは明らか。
一国の首相が国民をだまして憲法を変えることを許しては国際社会で恥ずかしいし、次世代の子どもたちに示しがつきません。

アベ流改憲反対の声を上げていきましょう！

違憲立法審査権が存在することの意味（憲法第81条）

「報道の　画面をただに　呆然と　見つめし日あり　今そこに立つ
その海は　春の陽をうけ　うらうらと　鴎も人も　遊ばせており
この海があるがゆえに　この土地を　離れ難きと　話す人あり」

（岩手県宮古市での口演前、浄土ヶ浜にて詠める3首）

東日本大震災後、大飯原発・高浜原発と、原発推進にストップをかける判決が出されるようになりました。裁判所も、原発が人権をおびやかす、つまり、憲法違反の存在ではないかと考え始めたのです。

前項に続いて「裁判所で違憲と断定されるまでは、違憲の法律でもまかり通るの？」という質問に対する答えです。

違憲の法律が存在していいの？

「秘密保護法は違憲じゃないんですか？」

高座のあと、よく出てくる質問です。

「はい。そうです。憲法が保障する、表現の自由（第21条）・思想良心の自由（第19条）・職業選択の自由（第22条）等々を侵す違憲な法律だと思います」

「なら、無効でしょう？」

「裁判所による違憲無効の判決が確定するまでは、形式上、議会で成立した法律は合憲の推定がはたらくので、当然に無効とはいえません」

法律家にとっては当然の答えをしても、質問した人はたいてい納得いかなそうな様子で終わってしまいます。

「自由」と「民主」の微妙な関係

私のネタで、「立憲主義の2つの柱は、『国民のために国がある』『国民が主人公』、4文字でいうと、人権保障と国民主権。2文字でいうと、自由と民主……そういう名前の政党が立憲主義を壊す改憲案を作ってるっていうのはどういうことなんでしょうねえ?」というのがあります。

自由と民主は立憲主義の２本柱です。しかし、自由と民主が対立するという局面もあります。

それが、「違憲な法律が存在する」という事態です。

伊藤真先生が、いい例を挙げています。

学校の先生が聞きます。

「今週の掃除当番は誰にしますか?」

「みややっこさんがいいと思いまーす」

クラス全員の推薦で、私が掃除当番になりました。

そして次の週、また先生が「掃除当番は?」と聞くと、「みややっこさん!」

そのまた次も、その次も……。これは、形式上「民主」ですが、「平等」に反し、みややっこはいじめにあっているのではないか、と心配になる事態です。

たとえ「民主」的に決められても、人権(自由)を冒《おか》す可能性があり、そうしてはならないということです。

法律は、立法府たる国会で成立していますから(民主)、合憲だという推定を受けます。

しかし、その内実を見たら、人権抑圧の部分があった、というとき、司法を担う裁判所(人権の砦)の判断によって、違憲無効の判断がなされるのです。

違憲判決の効力

もっとも、違憲判決が出たからといって、当然にその法律が廃止されるわけではありません。たとえば、刑法の尊属殺人の重罰規定（自分の親を殺害した場合は、無期懲役または死刑という規定）は、普通の殺人罪（5年以上の懲役）に比べ、いちじるしく刑が重く、違憲であるとの判決は、既に昭和48年に出されていましたが、条文が削除されたのは平成7年のことでした。

尊属殺重罰規定を廃止しては、親をうやまう美徳が失われるではないか、という意見が根強くあったからです。

平成25年9月、非嫡出子《ひちゃくしゅつし》の相続分が嫡出子の2分の1なのは不合理な差別であるとして、最高裁が違憲判決を出しました。民法のその条文は速やかに改正されました。

この件も、20年以上も前から、高裁で何度も争われ、平成7年に最高裁で合憲判決が出された後も、なお、新たに裁判が起こされて、とうとう最高裁の判例をくつがえし、民法の条文を変えることができた事案です。

この条文についても、相続分差別をなくすと法律婚制度が危うくなる（不倫が増える）、という差別擁護論がありました。

しかし、「不倫相手との間に子どもができたら、将来、相続分で差別を受けるのでは、その子が不憫だから、不倫を止めようと思うか」と言えば、期待は薄いでしょう。判決でも、「法の目的は首肯できるが、効果は乏しい」として、不合理とされたのでした（「目的効果基準」といいます。例を出すとわかりやすいでしょう?）。

このように、立法当時の国民には合理的（家族制度を守るため）と思われた規定が、時が経って、「人権は平等」という意識が浸透すると、不合理な規定と見えるようになる。そういうことはあるものなのです。

そうしたときのために、違憲立法審査権があるわけです。

秘密保護法の問題点

やっと、秘密保護法の話です。

秘密保護法は、審議は不十分だし、内容は問題だらけだし、成立させてはならない法律でした。しかし、森雅子担当大臣（弁護士です）のしどろもどろ答弁と、それを追及しない国会議員に助けられて、数の力で成立してしまいました。採決の日、反対討論をしたのは、共産党の仁比《にひ》聡平《そうへい》議員（わが自由法曹団団員です）だけでした。

秘密保護法の問題点はここにあります。

先の尊属殺重罰規定や非嫡出子の相続分差別と異なり、国民の中に、国家の秘密は刑罰を科してでも守らなければ！　という要求はなかったのに、政府・与党自民党が主導して、必要だ、と押し切ったことです。

憲法違反の法律を作ることによって、国民の人権を「法律によって」抑圧《よくあつ》しようという企《くわだ》て。これは、その後の安全保障という名の戦争立法とも軌を一にする動きです。

先の大戦の記憶を持つ世代が、戦争前夜を思い出させられる、アベ首相は怖い、というのは、正しい直感なのです。

廃止させる努力

違憲の秘密保護法が適用されて、個別に「私のこの権利が侵害されました」という「被害者」が現れたなら、全国の弁護士は、勇躍《ゆうやく》して弁護団を組むことと思います（秘密保護法については全国の弁護士会がこぞって反対を表明しています）。

しかし、具体的被害者が現れるまで、裁判はなかなか難しいのが実態です（日本の裁判所では、権利侵害の抽象的可能性だけでは裁判は行えない建前です）。

裁判所を頼るよりも、まず、地元選出の市会・県会・国会議員に、秘密保護法廃止に尽力してくれるよう要請しましょう。要請に対して、けんもほろろの対応をする人には、次は投票しない、という態度を取りましょう。

私が高座でも文章でも繰り返し訴えているように、主権者は私たち国民です。無力感にとらわれてはなりません。

どちらも人気

権利のための闘争——女性の権利等

ＮＨＫ朝ドラ「あさが来た」は、わが国初の女子大学を設立した広岡浅子《ひろおかあさこ》さんが主人公でした。「わしに金を貸さんと、女子大なぞというしょうもないものに金出しくさって」と、刃傷沙汰まであったとは衝撃でした。

それを受けてか、同局では、「女性だって活躍したい！」と題して津田梅子さんの特集番組も放送したようでした（２０１６年3月22日「知恵泉」）。このタイトルには違和感があります。活躍したいかどうかではなく、「私らしく生きたい」とすべきだと思ったのです。

アベ首相は、「一億総活躍社会」などと、国民にアベさん好みの「活躍」を推奨していますけれど、大きなお世話です。みややっこ口演など、彼には公益違反の活動に思えることでしょう。

お粗末な保育政策で子育てを母親に押し付けたあげく、保育園に子どもを預けられなかった母親のネット上の書き込みについて「匿名だから確認しようがない」と国会で答弁し、「保育園落ちたの私だ」と全国のママ達を怒らせたことも、アベさんのいう「活躍」が男性目線のものだからだと思います。

女性の権利に関する２つの裁判

２０１５年11月４日、最高裁判所大法廷で、女性の権利に関する２つの訴訟の口頭弁論が、相次いで開かれました。

午前11時からは、女性にだけ６カ月間の再婚禁止を定める民法７３３条を争点とした、再婚禁止期間訴訟。午後２時からは夫婦同姓を定める民法７５０条を問題とする夫婦別姓訴訟です。

最高裁では、法律審（事実調べはしない、ということ）という原則があり、法律が憲法か判例に違反している場合に限り、弁論が開かれます。

大法廷で弁論があるということは、判例変更か違憲判決が出る可能性が高い。法律家は、事件が大法廷に回付されたと聞くだけで、かなり興奮するものです。

しかし、結果は、後者については合憲、前者についても６カ月間は長過ぎるから違憲、という、期待はずれのものでした。２事件の権利のための闘争は、まだ続くことになりました。

婚姻中の氏の続用

夫婦別姓訴訟には私の友人らも多数関わっています（夫の氏になるのが嫌で形だけ離婚した

友人さえいます）。

ただ、私自身は、母が婚姻して父の氏に改めた後も実家の氏を誇り、紋付などには実家の紋を使いたがるという風があったことを、子ども心にばかばかしく思っていたため、氏や家というものにこだわる気持ちが薄いです。女の子はいずれ結婚して氏が変わるものだ、と親から言われて育ったせいもあるのでしょう。

私の現在の氏は、婚姻中の氏です。離婚時、子の親権者を夫と定めたときに、私が生活力をつけて子を養えるようになるか、あるいは息子の中の私のＤＮＡが父親との対立を引き起こすような場合に備えて、子と同じ「氏」でいようと婚姻中の氏の続用を決めました。前夫は「俺の氏を使っている」と嫌がっているようですが、私の「飯田」という氏は私が源だと思っています。

婚姻中の氏を続用するか婚姻前の氏に戻るか選択できるようになったのは、昭和51年、民法767条に選択を認める2項が追加されたことによります。

それまでは、結婚すれば妻が夫の氏に変えるのが一般的で、離婚した場合、妻は実家の氏に戻るしかありませんでした。氏が変わることによって身分関係の変動があったことをいやおうなく周囲に知られてしまいました。また、妻が子を引き取る場合、子の氏も連動して変更しなければなりませんでした。私の小学校中学校の同級生でも、2人ほど氏が変わった子がいたことを記憶しています。

離婚後に妻が子を引き取るケースが増えたことによって、そうした不利益・不便を是正してほしいという声が起こり、条文追加となったのです。

非嫡出子の相続分の是正

女性の権利の関係ではこんなこともありました。

民法９００条４号ただし書は、妻以外の女性との間にできた子（非嫡出子）の相続分を、嫡出子の２分の１と定めていました。

このただし書きは、平成25年９月４日の最高裁大法廷の決定で、憲法14条（平等原則）１項に違反し無効であるとされたことにより、その年の法改正で速やかに削除されました。

この条項については、平成７年にも最高裁の大法廷に回付されたことがありました。

当時から高等裁判所の判決は、違憲・合憲で分かれており、統一する必要がありました。

高等裁判所の判決を読むと、違憲判決の方が論理的でした。「目的効果基準」という、目的の正当性と効果の合理性で合憲性を判断する手法を使って、①法律婚の尊重という目的は正当である、しかし、②非嫡出子の相続分に差を設けることで、婚姻外で子を作ることが抑制されるという効果を期待できるとは考えられず、不合理だ、というものです。

まして、③その子にとっては、全く責められるべき理由のない、出自による差別ですから、違憲になるのが当然だ、と私は思っていました。

しかし、平成7年のときは、僅差《きんさ》で合憲と判断されてしまいました。この差別が是正されるまで、さらに18年かかったということです。

これも、先の最高裁判断にも負けず、非嫡出子の皆さんが声をあげ続けた結果です。

若年定年制を打ち破った判決

この項では民法のことばかり論じていると思われたかもしれません。

あらゆる法律は憲法に添《そ》うように定められるのですから、民法の条文もかつては、全部合憲であると思われていたのです。それが、社会の変化、人権意識の高まりとともに、違憲とされてきたことの例を見ています。

右に書いてきたことは私が身をもって体験してきた例ですが、私が物心つく前には女性は結婚退職・出産退職が当たり前で、結婚していなくても女性にだけ適用される「若年定年制」というものが存在しました。

昭和39年（提訴時）、被告であるS社は、「女性従業員は、結婚または満35歳に達したときは退職する」という労働契約を持ち、当人から念書を取って採用していました。男性の定年は55歳でした。S社は、35歳に達しても退職しない女性従業員を解雇。これを不服として女性が争った事件があったのです。

昭和41年12月20日、裁判所は会社側の言い分をことごとく排斥《はいせき》し、原告勝訴の判決を出しました。その理由は、

①　労働基準法が性別を理由とする合理性を欠く差別を禁止しているから、労働条件にかんし性別を理由とする合理性を欠く差別待遇を定める労働契約等は、民法90条（公序良俗）に違反し、無効である、

②　配偶者の選択に関する自由、結婚の時期に関する自由等は、憲法24条に従い、基本的人権のひとつとして尊重されなければならないから、結婚の自由等を制約する労働契約等は民法90条に違反し、無効である、

というものです。

この判決により、世の企業は女性の若年定年制を見直さざるを得なくなりました。女性弁護士として胸のすく思いがします。

不断の努力で（憲法12条前段）

今また、セクハラやマタハラという言葉が使われるようになっています。友人たちが、代理

人として裁判闘争に立ちあがっています。

不断の努力によって人権と自由は守られてきたのであり、これからもそうでなければならない。そのことを理解していただければと思います。

ソウルフード

第4章　アベ政治をゆるさない

徳島・鳴門海峡にて

歴史の中の2015年

これまで無遅刻無欠勤で高座をつとめました。

口演日が1週間ずれていたら、新幹線が止まっていた、ということもありました。抗ガン剤を服用し、アレルギーの除去食をしている私がよくやれていると我ながら感心します。

小林節先生、志の輔師匠らとのご縁も含め、みややっこは見えない力に支えられているように思います。

2014年暮れの衆議院選挙

2014年の暮れを思い返すと、冬空の下、私は着物姿で周辺の駅前に立ち、憲法擁護を選挙公約に掲げる共産党候補者の応援演説に精を出していました。「自民党の選挙公約の最後には改憲も入っています。平和を願う1票は共産党へ」と訴えて回りました。

選挙区の候補は、残念ながらいずれも当選に至りませんでしたが、共産党の議席が伸びたことにはほっとしました。

その選挙で、自民党は議席も得票数も減らしたのに、マスコミは「圧勝」と書き立てました。1票でも多い方の意見だけがその選挙区の代表とされ、少なくない民意が死票という形で葬られるという、小選挙区制の弊害が出た、と苦々しく思っていました。

5月からの急展開

2015年年頭から、私は月5回ものハイペースで「憲法口演」の予約をこなしました。来てほしいという要請が引きも切らないのは、国民の間に憲法に対する危機意識があったからだと思います。

5月には、憲法口演を続けている弁護士として、2つのラジオ番組に出演させてもらいました。

その頃です。安全保障法制という名の「戦争法」案（以下、「法案」といいます）が提出されたのは。

「安全保障」というその国の命運がかかる大問題について、それまで70年間維持してきた基本的枠組をかなぐり捨ててしまうような法案を、通常国会の直前に出してくること自体が、異常な国会軽視の姿勢でした。

法案提出以前にアベ首相は、米国訪問の際、世界中切れ目なく集団的自衛権を行使できる体制作りを、同国に対して約束しました。当然、国民軽視だという批判が上がりました。批判を気にしてか、アベ首相も「法案については国民に丁寧に説明する」と繰り返していました。

国民の側の反転攻勢

国会議員ですら法案の中身の分析検討に追われているような状況の下、国会の審議日程は進行していきました。

6月4日、衆議院憲法審査会で、自民党推薦の長谷部恭男教授も含めた3人の憲法学者全員が、法案は違憲であると断言する事態が出来《しゅったい》しました。私は、研究者の良心に感動しました。マスコミは、自民党のオウンゴールと沸き立ちました。

憲法尊重擁護義務を負う国務大臣らが違憲の法案を国会に提出している。この異常事態に、国民1人ひとりが、何だこれは？　と考え始めました。

SNSの浸透は、学生や子育て世代など無党派・浮動票などと言われた若い層を結び付けるのに、大きな威力を発揮しました。SEALDs（シールズ＝自由と民主主義のための学生緊急行動）を皮切りに、各地に青年学生の組織が出来、行動を始め、ママの会も各地で子連れでのパレードを実施。女性達は、赤い物を身につけてのレッドアクションも全国で繰り広げました。全国の弁護士会が法案反対の意見を採択し、弁護士らによる街頭での宣伝も活発に行われました。学者も、内閣法制局のＯＢも、最高裁判所の元長官も元判事も、違憲であると表明しました。

俳人である金子兜太《かねことうた》さん直筆の「アベ政治を許さない」の文字は、９条の会の提唱によって全国でダウンロードされ、反アベの旗印として利用されました。アベが片仮名なのは、漢字を当てるのさえもったいないという、金子さんの意図だといいます。

私は口演予定のために集会等には出られませんでしたが、複数の口演先で、自転車のカゴにその旗印を貼り付けて走る人の姿を見かけ、力づけられました。

驕れる自民党の暴挙

こうした動きに対し、自民党は敵意を剥《む》き出すようになっていきました。

６月25日の自民党若手グループ「文化芸術懇話会」の勉強会で、「マスコミを懲《こ》らしめる」「沖縄の２紙は潰さないといけない」など言論弾圧発言が相次いだことが報じられました。ほとんどのマスコミが言論の自由を守れ、と自民党批判の論陣を張りました。

７月末、同グループのメンバーでもあった武藤貴也《むとうたかや》議員（後に離党）は、ＳＥＡＬＤｓの活動を、「『だって戦争行きたくないじゃん』という自分中心、極端な利己的考えに基づく」とツイッターで批判したため、明治憲法下の全体主義・国家主義的発想だ、と逆に強い批判を浴びました。このとき、同議員が所属していた派閥の責任者である麻生太郎氏は、「言いたいことは法案を通してから言え」と武藤氏に苦言をていした、と報じられました。

法案は国民を危険にさらすものではありません、と説明している政府・政党の中枢である麻生氏としては、おかしな苦言です。法案をちゃんと理解してから物を言え、と言うならまだしも、法案が通るまでは黙っていろ、というのは、武藤氏の言い分が本音であることを自白しているも同然ではありませんか？

戦後最長となる会期延長をしている間に、アベ首相はテレビ出演の機会を増やし、自ら模型や例え話を使って国民に「説明」もしましたが、失笑を買っただけでした。自民党内でも、あの説明はしない方がよかった、との評価だったといいます。

「説明」すればするほど「立法事実」（その法律の必要性を基礎づける事実）の不存在が明らかになる、という事態でした。法案の立法理由は、「安全保障環境の根本的変容がある」という、張りぼての、空虚な言葉だけになりました。

しかし、9月19日未明、週明けから連日国会前に「採決反対」を叫ぶ国民が詰めかける中、議会内では、怒号が飛び交う揉みくちゃの状態で、自民党など与党の賛成多数で法案が可決成立した、ことになったのです。

政治を主権者の手に

紙幅の関係で、今年の夏の熱い攻防の一部分しか語れませんが、勝負は国民の負けではありません。追い詰められているのはアベ政治の方です。

アベ首相は、２０１６年、いよいよ明文改憲をする、と言っています。それは許さない。国民をなめるな。今年こそ政治を国民の手に取り戻す年にしましょう！

民主主義とは何だ？

「決定できる民主主義」？

２００７年、第１次安倍政権のとき、アベ首相は体調不良からか、突然、政権を投げ出しました。政権に復帰したとき、「以前の私とは違うんです」と座禅を組むなどして精神修養したことを強調していました。茶禅一味《ちゃぜんいちみ》と言って、禅と関係の深い茶道をたしなむ私としては、座禅をそんなところで使って欲しくない、と思ったものでした。

アベ首相を復活させたのは、むしろ、大阪の橋下徹人気ではなかったか、と私はずっと感じています。

橋下氏が知事候補になり、選ばれて就任する頃、「決定できる民主主義」という言葉が多用されていました。耳新しく、頼もしい、力強いスローガンとして、マスコミは取り上げていたように思います。

民主主義というのは、大勢の人の多様な意見を調整しながらコンセンサス（合意）を形成していくものだから、容易に決定できない、もたもたして当然のものです。

橋下氏の先のスローガンは、そもそもの民主主義の概念に矛盾している。橋下氏のいう「民主主義」とは、「選挙で選ばれた以上、選挙民は私を選んだのだから、私に白紙委任をしたということである。私が自由にしていいのだ」という意味にほかならず、それは、一般には「独裁」と言われているものに近い、と私は思っていました。

橋下氏は、弁護士です。「この人、憲法をちゃんと勉強したのかしら？」と不思議に思ってもいました。

橋下氏の政治姿勢については、ここの論点ではありませんから言及しませんが、アベ首相が、この「決定できる民主主義」を模倣しているのは明らかだと思います。閣議決定による集団的自衛権の行使容認しかり、原発再稼働しかり、ＴＰＰ交渉推進しかり、戦争法しかり。国民の理解は十分でなくとも、国民のためとかかげれば好き勝手にしていいという自分に都合のいい理屈で、今日まで数に物を言わせる政治を強行しています。

これが、本来の民主主義でないことは明らかなことです。

あなたはロバをどう運ぶか？

では、なんでもかんでも多数決で決めればそれが民主主義なのでしょうか？　衆愚《しゅうぐ》政治とはどう違うのでしょう？

私が民主主義というものを意識したのは、イソップ寓話の「ロバを売りに行く親子」の話を読んだときでした。小学生の頃です。

父と子が市場にロバを売りに行くのです。２人してロバを引いて歩いていると、「せっかくロバを連れているのに、乗らないなんてもったいない」という人があり、なるほどと思って、息子を乗せると、今度は「若い者が楽をするなんて」と言う人があり、それではと父親が乗ると「子どもを歩かせるとは酷い親だ」という人あり、２人で乗ると「あれじゃロバがかわいそうだ」という人あり、２人でロバの足を棒に括りつけてロバを担《かつ》ぎ上げると、嫌がったロバが暴れて、橋の上から川に落ちて流されてしまう、という話です。

いろいろな意見がある中で、自分はどの意見を選ぶのか、選ぶための目を持たないとこの親子のようになる。幼いながら、私は、選ぶ基準を持ちたい、と思ったのでした。

民意の成熟

法律相談を受けていると、「先生にお任せします。先生がよいと思うように」とおっしゃる相談者が少なからずいます。かつては、「偉い人」あるいは「専門家」に任せておけばうまくいく、という価値観があったのでしょう。「民は知らしむべからず、依《よ》らしむべし」（民に内容を知らせることはない、信頼させておけばいい）という統治の名残のように思います。

しかし、私は法律を語れるけれど、その相談者の個人的な事情、個性などは知らないのですから、その人が満足する答えを選べるとは限りません。どの方策を選ぶかは、常にその人自身にかかっています。

同じように、国（あるいは地方自治体）の政策についても、それぞれがそれぞれの立場で物を言う（言論の自由）。その討論の中で、いずれ不合理な選択肢は淘汰《とうた》されるはずである。そういう人の叡智《えいち》への信頼が、民主主義を支えています。

アベ政権・自民党が戦争法をごり押しする過程で、多くの学者・研究者が反対の声を上げました。内田樹神戸女学院大学名誉教授は、「安倍政権のしていることは知性に対する挑戦だ」と断じました。

ＳＥＡＬＤｓなど学生たちはそれぞれが自分の言葉で自分の考えを語りました。「私たちが高い学費を払ってでも身につけようとしているのは、自分で考える力です」。ああ、自分の選択を他人任せにしない人格が育っているのだ、と私は目頭を熱くしました。

秘密保護法も民主主義の敵

民主主義が機能するためには、正しい情報が与えられること、国民が情報にアクセスできるようになっていることも大事な要素です。

２０１５年８月、小池晃参議院議員が防衛省の内部資料を示して、戦争法案の行方がわからないうちから、防衛省が米国に対して、戦争法が夏に成立することを見越した体制作りを約束していたことを暴きました。審議が止まるほどの衝撃でした。

９月、自民党江島潔参議院議員は、資料を手に入れたことが違法行為でなかったか調査すべきと発言。議員の国会活動を妨害するものだとの抗議を受けて、自民党は謝罪の上、右の発言を撤回した経緯がありました。

公益通報制度を作ったところで、自分の秘密が漏れるのは違法だという感覚を持っている人達に、「秘密」を指定させる権限を持たせておくのは、民主主義にとって危険極まりないことです。

戦争法・集団的自衛権容認の閣議決定・秘密保護法、この３点を廃止する政治勢力の結集を実現させたいものです。

一致点での共闘──民主主義の原型

アベ政権による改憲の目論見

　アベ首相は、2016年夏の参議院選挙で、公明党・おおさか維新などの力も借り、改憲発議ができる議会の3分の2を目指す、と繰り返し発言しています。

　今回の改憲発議の狙いは、戦争法（安全保障法制）と現憲法の抵触状態の解消にあります。もともと、自民党は、2012年10月に独自の憲法改正草案を公にし、明文改憲を目指していました。

　しかし、その内容が知れるにつれ、9条の会など世論の反発が強まり、目論見は頓挫。2013年春、自民党は、憲法改正手続の規定である96条をまず最初に、より緩やかな内容に改正して、「新しい人権」規定など、一見国民が喜びそうな条文を入れる「改正」を経験させた上で、次に9条に手をつけようという、2段階論を提唱しました。

　このとき、著名な9条改憲論者である小林節慶應義塾大学名誉教授が、「96条改正も自民党改憲草案も、立憲主義に反し、明治憲法へと歴史を逆行させるようなもの」と厳しく批判。「96条の会」を立ち上げ、より広範な人達とともに反対運動を展開したため、これも失敗。

同年夏、麻生太郎副総理（当時）は「明文改憲にこだわるからいけない。ナチスは国民の知らない間に憲法を変えた。ナチスのあの手口、真似てはどうか」という発言をして、世界のマスコミを仰天《ぎょうてん》させました。

麻生氏のこの発言は、政府からも自民党からもとがめられることはなく、むしろ政府は、「あれは反語だった」などと弁解と発言の揉消しに努めました。

以後、アベ内閣は、内閣法制局長を交代させ、歴代内閣の憲法解釈をなげうって、2014年7月1日、国民の声が届かない閣議決定によって、集団的自衛権の行使を容認しました。

この閣議決定を実践するため、戦争法案を強行採決したのが、2015年9月19日のことです。先の麻生発言が反語ではなく、本音だったことを示す、ナチス並みの手口でした。

自民党改憲案に反対しよう！

私は、2013年5月以来、アベ流改憲に反対するという一点で、憲法口演を続けています。護憲・改憲という呼び名はあえて使っていません。「天皇制に反対だから、改憲派」などとの発言は、議論を混乱させるからです。

２０１３年４月末、前出の小林教授の顔写真をしんぶん赤旗で見たとき、私は自分の目を疑いました。その記事の衝撃を、私は著書の中に「小林くんも、立憲主義まではわかっているのね。正義のための戦争があると思っているところがまだ青いねえ、と思った」などと書いたのでした。

２０１４年11月、赤旗まつり会場で、著書のサインセールのため控えテントにいると、今度は当の小林教授が入って来られて、また仰天。「先生をネタにさせていただいております」と、拙著を献本の上、平謝りしたのが出逢いでした。

小林教授は、今や、私の地元八王子の市長選（２０１６年１月）において、戦争法廃止・人権尊重・憲法擁護を公約に掲げる候補者応援のために駆け付けてくれるまでの「盟友」です。

2016年２月25日　民間「立憲」臨調の後に
小林節先生と

憲法にのっとった政治の下で（立憲主義）、民主的に憲法の条項を変えるならいざ知らず、憲法をかなぐり捨てて、国民の声を聞かずに国の根本を変えるアベ政治は許せない。許しては取り返しがつかない。その認識を共有できれば、小林教授と私のように共闘することは十分可能だ、ということです。

野党・与党という呼び方も混乱を招きます。おおさか維新などは与党より右派なのですから、共闘の対象ではあり得ません。「多様な立場」が売りでもある民主党（当時、現「民進」党）にあっては、個々の議員が共闘の是非を考えることになるのもやむを得ないだろうと思っています。

どのグループに属するかではなく、どの一致点で共闘するか。次の参院選は、誰もが自分で選択をする選挙になることでしょう。

戦争法の問題点

ある法律が憲法に適合するか否かを判断するときの大きな視点は2つです。

ひとつは、その法律を作らなければならない「必要性」（これは、その法律がないことによる「不都合性」の裏返しと言ってもいいです）、もうひとつは、その法律を作っても、それまでの憲法秩序・法体系を壊さない、という「許容性」です。

戦争法について見てみると、まず、政府はこの「必要性」を説明できないままでいます。

戦争になる前に先に（積極的に）出先で相手を攻撃するから、国民はより安全になるのだ、などと観念的なことを言っていますが、地球上のどこであれ、攻撃に加担するなら、憎しみの連鎖・報復の連鎖に巻き込まれずにいられないことは、他国の現状を見れば容易にわかることです。

軍事費の増大だけでなく、国民が戦死するリスク、自衛隊員が他国民を殺すリスク、戦闘地域で悲惨な体験をした帰還者を社会に受け入れるリスク、こうした具体的な危険性への配慮・手当は何も語られていません。

許容性がないことは、２０１５年6月の衆議院の憲法調査会で、小林節教授を含む３人の参考人（憲法学者）が３人とも「違憲だ」と明言したことからも明らかです。全国の弁護士会も、元内閣法制局長官も、最高裁の元長官も元判事も、学者の圧倒的多数も、違憲だと言っています。

必要性がないどころか、法律ができることによって不都合性が増し、許容性もない法律など、存在そのものが害悪です。

改憲ではなく、戦争法廃止へ。絶対に後に引けない政治の季節がやってきます。

祖父の遺伝子

噺家弁護士？

２０１２年10月に発表された「自民党憲法改正草案」の時代錯誤的内容には、弁護士として仰天させられました。

こんな憲法の下で弁護士などできるものではない、なんとしてもこの改憲は阻止しなければ、と腕に覚えの落語の手法で（高校時代に落語研究会に所属）、憲法の講座（高座）を始めました。

平日は弁護士業務をしています。土日祭日のみの「噺家」で、３年間に１３０高座を敢行した、という売れっ子ぶりです。休日は、ほぼありません。

高座名の「八法亭みややっこ」は、かつて痴漢冤罪《えんざい》事件の支援者が八王子合同法律事務所に因《ちな》んで付けてくれたものです。よもや、10年以上も経って（高校卒業から数えると、35年も経って）脚光を浴びるとは思いもしませんでした。

高座といえども、弁護士による憲法の講義ですから私の噺は90分かかります。

しかし、高座の後、参加者からは、「あっという間だった」「眠らなかった！」「すっきりした。元気が出た」という感想が多く寄せられます。会場での著書のサインセールも、行列ができる盛況ぶり。

私自身「なぜ、こんなに？」と戸惑っています。「弁護士が、落語で、憲法を」という取り合わせが奇想天外という指摘もあるが、私は納得しておりません。それでは、私が変人のようではありませんか（失礼な）。

無力感という敵

高座後ときどき、「抗議行動に行っても、安倍内閣は聞く耳を持たない。無力感に襲われる」という質問を受けます。

私とて、全国からお招きいただいているとはいっても、このペースで改憲を阻止できるのか、と焦りを覚えることがあります。

だからといって、正しいとわかっていることに目をつぶることはできない。自分に嘘をつくことほど屈辱《くつじょく》的なことはありません。

祖父の思い出

思い出すのは、祖父のことです。

母は、茨城県東海村の出身。生まれは農家ですから、戦時中など食糧を求めて血縁でない人たちも身を寄せていたそうです。祖父は、「東海村の良寛《りょうかん》さん」と呼ばれていたというのが、母の自慢でした。

戦後、東海村に国策として原子力研究所が建設されました。「わが国初の原子の灯」ともてはやされたようです。

祖父は、理由はわかりませんが、原子炉の建設に反対したそうです。

私が物心ついた頃、祖父を訪れる人はほとんどいなくなっていました。

祖父は、孫の私から見ても魅力的な人物でした。幼いころは、襖《ふすま》にシーツを張って幻燈をしてくれたり（回虫の卵がくっついているから、キャベツはよく洗って食べましょう、というような内容でした）、自転車に乗せて近所の盆踊り大会に連れて行ってくれたりした、楽しい記憶があります。

祖父は、農作業の合間に日本画を描き、戸袋を新しくすれば彫刻を施したりする人でした。カレンダーの絵の中の雀《すずめ》が気に入らなくて、「みやこ、こんな雀はいない。この人は雀を見ないで描いている」と添削していたこともありました。

あるときは、黒田清輝の「湖畔《こはん》」だったかの絵の写真を眺めながら、「みやこ、洋画と日本画の違いがわかるか？　日本画には影がないんだ。女性の体の凹凸も、着物の柄で描くんだよ」と教えてくれました。

ほんの子どもの私にも、そんなことを話してくれる人でした。

そんな祖父でしたから、母の思い出話と祖父の日常には、子どもながらに違和感を覚えていたのです。「村八分」というものらしいと気づいたのは、大きくなってからのことです。

祖父は最期まで「原研のお陰で村が繁栄した」とは言わず、静かに信念を貫きました。

２０１１年３月11日。東日本大震災の際、東海村は紙一重で放射能汚染をまぬがれました。震災後、村上村長（当時）が、記者会見で脱原発を宣言した日のことは忘れられません。

テレビで会見の様子を見るや、全身に鳥肌が立ったのです。

「おじいちゃん。50年以上も経って、こんなことになって、やっと皆がおじいちゃんの正しさに気づいたよ。ああ、おじいちゃん。草葉の陰で、『だから言ったじゃないか』と思っているかしら」

良心のままに

私はその孫です。私もまた、最期まで良心は売らない。真実は、いずれ必ずあらわれます。真実が知れたときに、我が身を恥じる生き方は選べない……。

あの世で、祖父から、「みやこも頑固だな」と笑いかけられたなら、「おじいちゃんの孫だからね」と微笑み返せる私でいたいと思います。

あとがき

50代半ばにして、全国にお招きいただく日が来るとは、夢にも思わぬことでした。お訪ねした先でいたずらに詠んだ短歌（のようなもの）が鮮やかにその時の情景を呼び戻すことも思いがけない体験でした。

同様に、私が本を出すことも、およそ考えられないことでした。まして2冊目など、月刊誌の連載で書き溜めた原稿がなければ、思い立つことではありません。

連載を担当させてくださった「クレスコ」編集部、そしてその原稿を並べればよいと安易に考えていた私に、「それではダメです」と喝《かつ》を入れ、「まくら」や四コマ漫画等の楽しく読める本作りに心を砕いて編集してくれた花伝社の水野宏信さんに心から感謝をささげます。

２０１６年　３月　飯田美弥子

（本書は、月刊誌「クレスコ」（大月書店）２０１５年４月から連載されているものを大幅に加筆再編し、「祖父の遺伝子」は『人権と部落問題』２０１５年６月号に掲載されたものを再編したものです）

飯田美弥子（いいだみやこ）

弁護士。水戸一高落研出身。自民党の2012年改憲草案の中身に驚き、2013年5月から、憲法落語の活動を始める。当時在籍した八王子合同法律事務所にちなんで高座名を「八法亭みややっこ」とする。
市民事件のほか、ハンセン病国賠訴訟、高尾山にトンネルを掘らせない天狗裁判、再審布川事件、京王電鉄バス部門分社化リストラ争議、痴漢冤罪沖田国賠事件、日の丸君が代強制反対裁判など、さまざまな弁護団事件に参加。

現在の連絡先：うぶすな法律事務所（0294-51-1337）

八法亭みややっこの日本を変える憲法噺

2016年5月3日　初版第1刷発行
2019年3月5日　初版第2刷発行

著者 ――― 飯田美弥子
発行者 ――― 平田　勝
発行 ――― 花伝社
発売 ――― 共栄書房
〒101-0065　東京都千代田区西神田2-5-11 出版輸送ビル2F
電話　03-3263-3813
FAX　03-3239-8272
E-mail　info@kadensha.net
URL　http://www.kadensha.net
振替　00140-6-59661
装幀 ――― 黒瀬章夫（ナカグログラフ）
表紙写真 ―― 藤谷勝志
イラスト ―― 平田真咲
印刷・製本 ―― 中央精版印刷株式会社

ISBN 978-4-7634-0776-4 C0036